AF461084

A
L'HUMANITÉ
ET A LA PATRIE.

Par un Citoyen.

1789.

ÉPITRE A L'HUMANITÉ ET A LA PATRIE EN PARTICULIER,

Sur le bon ordre & l'idée de la véritable Liberté.

Suivie de la Notice d'un Manuſcrit intitulé : *l'Ami de la Vérité, ou des véritables Principes de l'ordre ſocial, & de la Félicité publique.*

Par M. J. CHEVRET.

Employé à la Bibliothèque du Roi depuis Janvier 1765.

> La Terre entiere eſt une grande cité, dont tous les hommes ſont citoyens. Je ſuis homme, & comme tel, je dis avec *Térence*, je dois m'intéreſſer à tout ce qui intéreſſe les hommes.

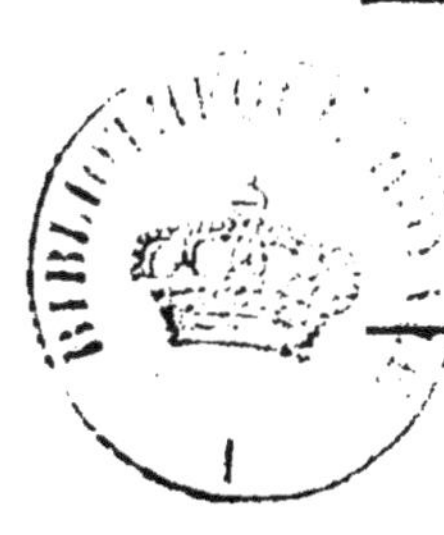

AU TEMPLE DE LA VÉRITÉ,

1789.

A L'HUMANITÉ

ET

A MA PATRIE EN PARTICULIER.

O Humanité! toi qui se plaît à chérir, à secourir la Nature humaine, & qui fait participer en quelque sorte au bonheur de la Divinité les hommes qui te chérissent, & qui cesse d'être véritablement homme dès qu'ils abandonnent cette douceur, cet amour qui est proprement l'apanage de ta Nature, fais que je puisse faire goûter tes charmes à la Nature entiere, en rappellant tous les hommes à leurs propres sentimens, aux mouvemens affectueux de leur cœur, pour te rendre les armes & t'offrir leurs hommages.

Qu'elle est belle, cette idée, qui fait de toute la Terre une habitation commune à un Peuple de freres, d'amis, de concitoyens, unis par la naissance, par les liens de l'égalité naturelle, par le rapport des mêmes besoins, par le privilége unique de la pensée, & de ce charme inexprimable de la communication de leurs idées par la parole, & plus encore par ce sentiment intime, cette loi de la Nature qui lie les hommes, ce sentiment si bien exprimé dans cette fameuse Assemblée, que l'on pourroit appeller les Etats-Généraux de tous les Peuples, l'Assemblée générale de la Nature humaine, où l'on vit les Romains & les Envoyés de toutes les Nations de la Terre applaudir avec tranſport à cette maxime admirable, *que tout homme eſt notre prochain, notre ſang, notre frere*, & d'entendre ce cri de la Nature, qui rend un témoignage ſi glorieux à la ſageſſe & à l'amour de ſon auteur, de l'entendre prononcer par un vénérable vieillard, à qui Térence fait dire ; « *qu'il eſt homme, & que* » *comme tel, il doit s'intéreſſer à tout ce qui inté-* » *reſſe les hommes* ».

Cette tendre expreſſion de l'ame, rendue ſur la ſcene & ſous les yeux de cette brillante aſſemblée de citoyens de l'Univers, a retenti dans Rome, s'eſt répétée dans toutes les villes, s'eſt fait ſentir & applaudir de tout l'Univers, & a réuni tous les cœurs dans le même ſentiment & tous les eſprits dans la même penſée, & a fait de toutes les affections une ſeule, qui, échauffant également tous les cœurs, fait de tous les hommes, par ce lien ſacré, un ſeul & unique amour digne de s'élever en ſacrifice à ſon auteur, à Dieu qui ne veut pour garant de l'amour qui lui eſt dû, que l'expreſſion ſincere & vraie de l'amour réciproque que les hommes ſe doivent les uns les autres.

Quelle douce ſatisfaction on éprouve à conſidérer ainſi l'humanité comme une ſeule & même famille ſous la conduite & la protection d'un tendre pere, d'un Roi, d'un arbitre ſuprême, tout-puiſſant, ſouverainement juſte & ſage, & l'amour par eſſence, d'un Roi devant qui toutes les puiſſances & les Rois de la Terre ne ſont pas plus grands que leurs ſujets, & ne ſont inſtitués que pour être ſes Miniſtres dans l'adminiſtration de chaque ſociété, pour le bon ordre & le bonheur des Peuples qui leur ſont ſoumis, & devant qui enfin les plus justes seront toujours les plus grands.

Quel charme seroit-ce de voir tous les hommes de tous les pays, de toutes les classes, de tous les rangs, s'aimer, se respecter, & réciproquement chacun se rendre volontairement les devoirs, les hommages de déférence qu'exigent les places qu'ils occupent dans l'ordre de la société, & pour le bien de tous : voilà l'ordre & le principe de l'harmonie qui doit régner dans tout Etat bien constitué: concourir chacun, de tout notre pouvoir, au bien général, à l'entretien & au soutien de la mere commune de la Patrie, voilà notre devoir; espérer sa protection & sa justice, voilà nos droits.

Un exemple frappant, applicable à tous les états, va, mes chers concitoyens, vous rendre vos intérêts sensibles.

Nos corps, en particulier le vôtre, mon cher lecteur, supposez-le, est un état à vivifier & à soutenir. Vous savez que tout Royaume a un trésor public, où flue & reflue les finances de l'Etat. Or, notre cœur est le trésor public de nos corps & le centre de la circulation de cette matiere précieuse qui circule dans toutes ses parties pour le soutenir & l'alimenter: tous les arteres, toutes les veines, & cette prodigieuse & inconcevable quantité de fibres & de petites ramifications qui se perdent aux yeux, sont comme autant de mains par où passent les fonds de ce trésor du cœur, votre sang, qui porte la vie & l'action proportionnée aux besoins & aux facultés de chacune de ses parties, & que ces mêmes parties reportent ensuite en tribut au cœur avec égale proportion pour recommencer de nouveau

& maintenir ainsi le corps vivant & bien constitué.

Il en est ainsi de tout corps politique de tout Etat ; les finances se distribuent de la caisse publique jusqu'aux extrémités du Royaume ; & de même de toutes ces extrémités il en revient au trésor public en proportion des facultés de chacun. Et ainsi que le véritable intérêt de toutes les parties de notre corps est de ne point se refuser à cette action réciproque du cœur, de même tout citoyen doit concourir en proportion au maintien de ce bon ordre, qui fait toute la vie d'un Etat & le bonheur de tous.

Ainsi dans le corps chacune des parties ne peut refuser son action sans se blesser elle-même & altérer douloureusement le corps, qui ne peut être vraiment heureux que par le bonheur de chacune des parties, & les différentes parties par le bonheur du tout, qui, sans cette harmonie, dépérit & languit ; & si le cœur lui-même reçoit une blessure & s'épanche, alors le corps dépérit, chancelle & tombe, si un remede prompt ne lui redonne son activité.

Enfin *le bon ordre*, mes chers compatriotes, car je m'adresse à vous. Vous avez témoigné le connoître, le Discours de votre digne Président (1), que vous avez desiré être imprimé, & dont il m'a honoré, m'en fait foi. J'ai été enchanté d'y voir réaliser dans vos cœurs cet amour de l'humanité à qui je m'adresse, & de vous voir *partager également avec vos freres ; & lorsque je dis avec vos freres, je n'entends pas parler seulement des concitoyens de la même Ville, mais de ceux des campagnes, des lieux éloignés & abso-*

(1) M. Levrier, Lieutenant-Général du Bailliage de Meulan.

lument étrangers à votre District, de vous voir partager avec eux la subsistance journaliere qui leur manquoit, & de n'en avoir refusé aucuns....... C'est une gloire, que vous vous êtes acquise, & qui vous donnera éternellement des droits à la reconnoissance publique.

Je suis ravi, mes chers compatriotes, d'avoir ce trait d'humanité & de bienfaisance à placer dans mes recherches sur notre Ville, à côté de celui de générosité & de patriotisme de la dame le Clerc, cette riche commerçante, que l'on a vue en 1590, après la bataille d'Yvry, déposer aux pieds de Henri IV ses sacs d'or & toute sa fortune pour soudoyer les Troupes prêtes à se révolter. Ce sont ces belles actions que je me suis plu à rassembler & à unir aux traits de courage & d'attachement que dans tous les temps vous avez témoignés à la Patrie & au Roi, & ce que dans les circonstances votre amour ne cessera de manifester de tout votre pouvoir, avec un esprit d'ordre, de sagesse & d'une louable liberté.

Le *bon ordre*, la *justice*, la *vérité*, voilà, mes concitoyens, le point de ralliement ; c'est le but, c'est le bien de toute société; c'est à quoi il faut tendre; car tout Empire divisé contre lui-même est sur le penchant de sa ruine. Vous voulez la liberté, aimez l'ordre & soyez juste ; car ce sont ces deux véritables appuis. Secondez de vos efforts, par une volonté droite & toujours dirigée vers le bien, cette Assemblée auguste, un Roi chéri & son Ministre, l'ami de ses Peuples, qui ne veulent & ne tendent, de concert avec cette respectable Assemblée, qu'à la félicité & au bonheur de l'Empire.

Secondez, braves Citoyens de toutes les classes, des intentions si pures ; réunissez vos efforts éclairés à ceux des respectables Magistrats & Militaires que la vertu & le mérite ont appellés à de si nobles emplois.

Aimez la liberté, mais aussi respectez l'ordre & la vérité, & soyez persuadé que comme il y a un ordre qui regle le mouvement des Cieux & le cours de la Nature, il y a aussi un ordre qui regle les actions, les sentimens & la conduite des hommes, que cet ordre également juste & immuable, n'est autre chose que la souveraine raison, c'est-à-dire, la raison de Dieu même, dont votre intelligence est l'image; & que la conformité à l'ordre, c'est-à-dire à cette droite raison, fait tout votre mérite, & fera tout votre bonheur.

Voulez donc l'ordre, desirez la liberté, mais la liberté que vous fait connoître Cicéron, ce Philosophe payen, ce célebre Orateur Romain; » la liberté du Sage, celle de la droite raison, » qui fait consister tout son plaisir à remplir ces » devoirs, enfin cette liberté du Sage, ajoute-t-il, » qui obéit aux Loix, non par la crainte des » peines dont elles menacent, mais parce qu'il » les aime & qu'il les respecte, & qu'il trouve » qu'il n'y a rien de plus salutaire que de s'y » conformer ».

Ce sont là, mes chers concitoyens, les sentimens dont nous devons tous être pénétrés, & les seuls qui puissent nous conduire à la paix, à la tranquillité, qui font le repos, la prospérité des empires & le bonheur des Peuples.

Et ce sont les vœux de celui qui est avec le plus sincere & le plus fidele dévouement à la liberté, au bon ordre, à l'intérêt, à l'amour de la Patrie & à son Roi, dont il est, avec la plus respectueuse affection, le très-fidele Sujet,

CHVRET.

En Septembre 1789.

NOTICE

DE

L'AMI DE LA VÉRITÉ,

Ou des véritables Principes de l'ordre social & de la Félicité publique.

> Il faut chercher le fondement solide des Etats dans la vérité, qui est la mere de la paix ; & la vérité ne se trouve que dans la véritable Religion. (*Bossuet.*)

L'HOMME est fait pour la société; il est né pour le bonheur, pour la vérité ; son cœur, qui est tout amour, fait connoître, par ses desirs, son besoin d'aimer, & son esprit, par sa vivacité & ses recherches, celui d'apprendre & de connoître. La vérité, qui est son aliment, est le terme que cherchent tous ceux qui raisonnent, & où ils ne manquent pas d'arriver quand ils raisonnent bien ; elle fait leur bonheur & devient le lien le plus assuré de la société, rendant presque également incapable de tromper & d'être trompé. Le bien de l'homme n'est donc pas de triompher d'un autre homme ; mais de vouloir bien que la vérité triomphe de lui, car elle triomphera de nous, bon gré, mal gré ; & le plus grand malheur qui nous puisse arriver, c'est qu'elle en triomphe malgré nous, car la vérité eſt grande, & rien n'égale ſa force.

Ce qui intéreſſe donc également tous les hommes, c'eſt la vérité, puiſque l'on n'eſt point heureux hors de la route du vrai, & qu'il n'appartient qu'à la vérité de ſatisfaire notre eſprit & notre cœur.

Mais il la faut écouter cette vérité, où elle nous parle; or elle nous parle au fond de notre cœur; c'eſt là qu'elle ſe fait entendre, c'eſt là où réſide cette lumiere ſecrette qui ſe préſente généralement à l'eſprit de tous ceux qui penſent. — Mais notre eſprit n'eſt pas la raiſon primitive: la vérité univerſelle & immuable; il eſt ſeulement comme l'organe par où paſſe cette lumiere originelle pour en être éclairé, & nous recevons tout enſemble de ce ſoleil des eſprits, & ſa lumiere, & l'amour de ſa lumiere pour la chercher, ce ſoleil de vérité ne laiſſe aucune ombre, & il luit en même-tems dans les deux hémiſpheres; il ne ſe cache jamais, & ne ſouffre aucun nuage que ceux qui ſont formés par nos paſſions; car ainſi que le ſoleil éclaire tous les corps, de même (dit M. *de Fénelon*) ce ſoleil d'intelligence éclaire tous les eſprits.

Mais ce qui fait que ſi peu de perſonnes voient & écoutent cette vérité, c'eſt que preſque tout le monde eſt hors de ſoi-même & fugitif de ſon cœur.

(*Jérém.* 29. 13). Vous me chercherez, & vous me trouverez lorſque vous me chercherez de tout votre cœur. (*Iſaïe*, 46. 8). Rentrez dans votre cœur, violateurs de ma Loi. (*Jérém.* 29. 14). C'eſt alors que vous me trouverez, dit le Seigneur.

Ainſi que le cœur ſoit droit, & l'eſprit ſera bientôt éclairé.

La vérité, la première vérité, voilà donc la ſource de l'ordre, de la juſtice parmi les hommes, & où il faut s'élever pour trouver ce principe primitif, le ſeul d'où toutes les Nations puiſſent déduire les principes ſecondaires qui doivent les diriger dans leurs différentes manieres de Gouvernement. Il exiſte ce principe, cet être parfait, car enfin pourquoi l'imparfait exiſteroit-il, & le parfait n'exiſteroit-il pas? La perfection eſt-elle un obſtacle à l'être, n'eſt-elle pas au contraire une raiſon d'être? Nous avons prouvé cette vérité par le ſpectacle de la Nature & l'ordre admirable qui y regne, par l'exiſtence & les facultés intellectuelles de l'homme, par les affections de ſon cœur, par les ſentimens des Philoſophes payens & des Sages de tous les pays, & plus particuliérement encore par l'Ecriture & la Religion, qui font ſentir au cœur & prouvent évidemment à l'eſprit qu'à Dieu ſeul primitivement appartient de conduire l'homme à la vérité, & de lui donner des Loix.

» Car l'on cherche en vain l'origine & la vé-
» ritable ſource de la juſtice & du droit naturel,
» diſent les Anciens, ſi l'on ne s'éleve juſqu'à
» la Nature univerſelle, qui eſt Dieu; c'eſt dans
» ce premier principe, & non ailleurs, qu'on
» découvre l'idée primitive & eſſentielle des
» biens & des maux du juſte & de l'injuſte.

» Car il eſt lui-même la juſtice & l'équité,
» dit *Plutarque;* il eſt la plus ancienne & la plus
» parfaite des Loix.

» (*Prov. 8, 14, 15*). C'eſt de moi que vient le
» conſeil & l'équité (dit la Sageſſe); c'eſt de

» moi que vient la prudence & la force : les Rois » regnent par moi, & c'eſt par moi que les » Légiſlateurs ordonnent ce qui eſt juſte ».

Après avoir ainſi établi l'exiſtence & le droit de la Divinité, & expoſé les effets de ſa puiſſance dans la création de l'Univers, ſa ſageſſe dans la diſpoſition admirable de ſes parties, & ſon amour pour toutes les créatures, & en particulier pour l'homme, qu'il a ſi ſingulierement favoriſé, juſqu'à le créer à ſon image & reſſemblance, en le rendant capable de s'unir à lui par l'intelligence & par l'amour, l'on reconnoît, par ce rapport ſi intime, que l'homme eſt obligé à des devoirs indiſpenſables de reconnoiſſance & d'amour envers ſon créateur : que ces devoirs, cet amour, c'eſt toute la Religion, c'eſt le véritable culte, le droit de la Divinité & le premier & le plus ſaint des devoirs de l'homme, né avec ſon cœur & auſſi ancien que le monde.

Nous jettons un coup-d'œil rapide ſur les différens états de l'homme depuis ſon origine, la ſuite des générations, la maniere dont les ſociétés ſe ſont formées, & la maniere ſinguliere dont le véritable culte s'eſt conſervé parmi les Nations pour arriver juſqu'à nous & faire aujourd'hui le plus ſolide appui des Gouvernemens & le garant le plus aſſuré des ſermens & de la fidélité des hommes dans les engagemens divers de la ſociété, & l'objet de leurs eſpérances.

» Car, dit M. *de Monteſquieu*, la Religion, » même fauſſe, eſt le meilleur garant que les » hommes puiſſent avoir de la probité des » hommes......

Il faut poſer ce principe ſi l'on veut donner une baſe ſolide à la légiſlation naturelle; « car

» ſans cela, dit M. *Leibnitz*, il n'y aura plus rien » qui ſoit capable de détourner d'un grand crime » lorſqu'on pourra, en le commettant, ſe pro- » curer de grands avantages & ſe promettre » l'impunité ».

Après la Religion chrétienne, qui ordonne aux hommes de s'aimer, dit M. *de Monteſquieu*, « les » bonnes Loix politiques & civiles, ſont le » plus grand bien que les hommes puiſſent donner » & recevoir ».

Or, ſi la Religion eſt pour tous les états le premier principe du bon ordre, la premiere Loi, il ne doit pas être indifférent aux Etats & aux hommes du choix qu'ils en doivent faire : comme la vérité n'eſt qu'une, & qu'elle ſeule peut ſatisfaire l'eſprit & le cœur des hommes, & qu'ils ne ſeront véritablement heureux que par elle, leurs propres intérêts ſe réuniſſent à cet examen.

Cette vérité primitive doit avoir ſa ſource, comme nous l'avons fait voir, à l'origine des choſes : ce culte, cette religion, doivent émaner directement de l'Etre ſuprême, & avoir été impoſée à l'homme dès ſa formation. Elle doit être unique comme ſon principe ; de nous elle doit remonter ſans interruption à ſon auteur, & de ſon auteur & du premier homme elle doit nous avoir été tranſmiſe par une tradition conſtante & une liaiſon de faits non interrompus, qui lient ſon commencement à ſa fin, & conſomme tout dans l'unité de ſon principe, dans l'amour de ſon auteur ; & il eſt de ſon devoir le plus eſſentiel de ſe reconnoître pour ce qu'elle eſt, c'eſt-à-dire pour la ſeule & véritable Religion, qui unit l'homme à Dieu. Il faut que, traverſant les ſiècles, elle brave courageuſement toutes les Religions particulieres, toutes les ſectes, toutes les diverſes opinions des hommes qui la combattent : & tel qu'un vaiſſeau battu de la tempête, il faut qu'elle réſiſte à l'orage, qu'elle ſurnage ſur les flots & la mer de ce monde, & qu'elle conduiſe au port tous les hommes qui ſont dans ſon ſein. Il faut qu'elle perſiſte avec amour à ſe faire connoître pour ce qu'elle eſt, qu'elle ſoutienne ce caractere de vérité, dont rien n'égale la force, qui fait ſon eſſence, & le ſeul qui puiſſe la faire reconnoître de toutes les Nations, & les attirer à elle par l'amour & la tendreſſe qu'elle doit leur porter, en les ſollicitant, pour leur bonheur, de ſe ranger ſous ces loix, qui ne ſont que vérité, juſtice & amour. Elle doit aimer tous les hommes, & elle les aime : le commandement qu'elle leur fait à tous de s'aimer réciproquement les uns les autres, comme loi d'humanité & la baſe de leur bonheur, annonce la pureté de ſes intentions : elle aime les hommes ; elle les tolere ; mais comme elle eſt toute vérité & l'irréconciliable ennemie de l'erreur, elle eſt intolérante contre les crimes & les fauſſes opinions, & toutes les erreurs qui les ſéduiſent & les perdent. Voilà aſſurément l'un des caractères diſtinctifs de la véritable Religion, ou il n'y en a point.

Or, la Religion chrétienne eſt marquée par tant de traits de Divinité, qu'à moins que le cœur ne s'oppoſe à la conviction de l'eſprit, elle entraîne tous ceux qui ont ſoin de l'approfondir. « Il eſt impoſſible, dit M. *Paſcal*, d'enviſager » toutes les preuves de la Religion chrétienne » ramaſſées enſemble, ſans en reſſentir la force, » à laquelle nul homme raiſonnable ne peut » réſiſter.

» Ce

Ce qui a fait dire au *Chancelier Bacon*, à ce célebre Philosophe Anglois, surnommé le Docteur admirable, « que peu de philosophie » dispose à l'athéisme, mais que beaucoup de » profondeur ramene à la religion ».

Chose admirable! dit M. *de Montesquieu*, la Religion chrétienne, qui ne semble avoir d'objet que la félicité de l'autre vie, fait encore notre bonheur dans celle-ci.

Après avoir rapporté plusieurs passages d'Auteurs payens, qui autorisent les motifs de crédibilité de la Religion chrétienne, l'on rapporte les deux passages de *la Bruyere* & de *J. J. Rousseau*, où ce premier, après avoir fait connoître les motifs qui le déterminent en faveur de la Religion, ajoute: « où aller, où me jetter, je ne » dis pas pour trouver rien de meilleur, mais » quelque chose qui en approche?

» Je vous avoue, dit *J. J. Rousseau*, que la » majesté des Ecritures m'étonne; la sainteté de » l'Evangile parle à mon cœur. Voyez les Livres » des Philosophes avec toute leur pompe, qu'ils » sont petits près de celui-là! Se peut-il qu'un » Livre, à la fois si sublime & si simple, soit » l'ouvrage des hommes? Se peut-il que celui » dont il fait l'histoire, ne soit qu'un homme » lui-même »?

Quel aveu! qu'il est puissant! Si tous les Livres des Philosophes sont petits auprès de celui-là, il faut donc reconnoître, avec ce sçavant & respectable Magistrat, M. le Chancelier *d'Aguesseau*, que *la Religion est la véritable Philosophie*, la seule généralement utile, & qui contient les loix les plus pures, les plus sages que les hommes puiſſent recevoir, & les ſeuls qui puiſſent faire véritablement leur bonheur.

Non pas que parmi les Philoſophes il n'y en ait de très-reſpectables par leurs qualités perſonnelles & leurs ſciences, & qui ne mettent ſur la voie de la vérité, mais c'eſt que l'homme, tel qu'éclairé qu'il ſoit, tel que ſoit ſon génie, il eſt homme, & dès-là ſujet à l'erreur, foible, trop peu éclairé pour conduire ſûrement à la vérité & au véritable bonheur, puiſque parmi les anciens ſeuls, il s'eſt formé plus de deux cens ſoixante-dix ſyſtêmes ſur cet objet ſi important, & qui ne s'accordent tous, dit *J. J. Rouſſeau*, que pour diſputer, ce qui fait dire à Saint *Cyrile*, que *la Philoſophie eſt le catéchiſme de la Foi*, & nous fait reconnoître, avec *Tertullien*, « que la pru» dence des hommes eſt trop imparfaite pour » découvrir le vrai bien à notre raiſon, & leur » autorité trop foible pour pouvoir rien exiger » de notre créance », & qu'enfin ceux qui ne veulent pas croire des myſteres incompréhenſibles, ne doivent pas non plus jetter leurs regards ſur la plus ſimple production de la Nature, moins encore ſur la Nature entiere ni ſur eux-mêmes ; car l'homme eſt un abyme où ſon eſprit ſe confond. Ainſi donc ceux qui ne veulent pas croire des myſtères incompréhenſibles, ſuivent & croyent l'un après l'autre d'incompréhenſibles erreurs. La Philoſophie, dites-vous, ne fournit aucune preuve d'un bonheur à venir : » non, » dit M. *de Voltaire*, mais vous n'avez aucune » démonſtration du contraire ». Or, il ne reſte donc qu'un doute. Eh ! quel doute ? ....
Car « tous ceux qui vivent dans l'irreligion, dit » *Bayle*, ne font que douter : ils ne parviennent

» point à la certitude ». Ce n'est donc point dans les productions de la Philosophie, mais dans les monumens de la Religion que l'on trouve les véritables principes, des loix & une morale digne de Dieu & proportionnée aux besoins de l'homme.

C'est donc enfin à la Religion à conduire l'homme du point où la Philosophie l'abandonne, de le reprendre où elle le laisse pour le conduire à sa véritable fin ; car il n'appartient de faire l'homme heureux qu'à celui qui a fait l'homme.

Ainsi la Religion reconnue pour la loi primitive, pour cette loi donnée particuliérement à l'homme lors de sa création comme son devoir, le fondement de ses espérances, & pour être l'appui & le garant de celle gravée dans son cœur, de cette loi de raison invariable, éternelle, conforme à la Nature, dit *Cicéron*, & répandue dans tous les hommes, qui leur commande le bien & leur défend le mal.

Nous posons donc pour principe de la société & du bon ordre ce principe également de raison & précepte de religion.

« Vous aimerez le Seigneur votre Dieu de » tout votre cœur, de toute votre ame, de tout » votre esprit & de toutes vos forces, c'est le » premier commandement ; & voici le second, » qui est semblable au premier ; vous aimerez » votre prochain comme vous-même. Il n'y a » aucun autre commandement plus grand que » ceux-ci ».

Toutes les loix de la société reposent sur ce principe d'amour ; c'est-là le sommaire & le précis de toutes les obligations, de tous les devoirs ; c'est la loi, c'est la religion, la politique & toute la morale, & des hommes, & des états, & la seule véritable base de la félicité & du bonheur des Peuples.

Si l'homme eût toujours consulté la droiture de son cœur & sa raison, jamais les passions n'auroient troublé son ame, il seroit en paix; « car, » dit *Cicéron*, la source de toutes les maladies » & de toutes les passions de l'ame, c'est le » mépris des conseils de la raison ». Ce contraste cruel, qui sans cesse divise l'esprit & le cœur des hommes, & les mettent si souvent en contradiction avec eux mêmes, est un mal si connu, que les Payens même, à la vue des miseres dont l'homme est accablé dès sa plus tendre enfance, ont pensé (en ignorant la véritable cause) que nous étions nés pour expier des crimes commis dans une autre vie.

Ce qui a fait dire à Médée (*Métamorphose d'Ovide, VII*) : « je vois le bien & je l'approuve, » cependant je me laisse aller à ce qu'il con- » damne ».

Le bien nous plaît, dit M. *Bossuet*, mais cependant le mal prévaut, la beauté de la vertu nous attire, mais les passions nous emportent. Voilà l'état de l'homme; voilà le caractere qu'il apporte dans la société, voilà celui qu'il faut rendre heureux par de sages loix ; ce sont toutes ces passions à qui il faut donner un frein, & qu'il faut engager à la vertu par les récompenses & les châtimens, qui agissent plus sur leur cœur que sur leur esprit, & ce sont les moyens également employés par la politique & la Religion.

Ainsi donc que les devoirs des hommes dérivent de la volonté & de la sagesse suprême, celle de leurs droits viennent du même principe.

Ces droits de l'homme ſur toute la terre, donnés au chef de la race des hommes lors de la création, en lui ſont promulgués à toutes ſes générations, comme citoyens du même monde, de la même terre, & comme aſſujettis aux mêmes beſoins, & d'égale nature, puiſque naître, vivre & mourir ſont leur ſort commun.

Nous expoſons enſuite les droits particuliers de l'homme, tel que celui de la *conſervation de ſa vie*, de ſon *égalité* & de ſa *liberté*, de ſa *propriété*, &c. dont nous faiſons voir les véritables limites en poſant ce précepte d'humanité.

« De ne pas faire à autrui ce que vous ne » voudriez pas qui vous ſoit fait, & de traiter » les hommes de la même maniere que vous » voudriez vous-même qu'ils vous traitaſſent ».

Car la liberté n'eſt point une liberté d'indépendance, mais une liberté ſoumiſe à la droite raiſon & aux loix. La liberté n'eſt pas donnée à l'homme, afin qu'il ait la licence de faire le mal, mais afin qu'il lui tourne à gloire de faire le bien. Les Payens même nous l'ont appris : *être libre*, diſent-ils, *c'eſt obéir aux loix*.

C'eſt par l'uſage de cette ſage liberté que les états & les hommes ſe conſervent en paix, & que les Souverains ſont heureux du bonheur de leurs Sujets, lorſqu'eux-mêmes s'y ſoumettent, & qu'ils reconnoiſſent avec un Empereur Romain, « que la » majeſté du Souverain ne s'explique jamais plus » dignement que lorſqu'il reconnoît hautement » que ſon pouvoir eſt borné par les loix ; & que » ſe ſoumettre à leur empire, c'eſt quelque choſe » de plus grand que l'empire même.

» Celui-là certainement peut régner long-tems » avec ſûreté, dit *Marc Antonin*, qui fait ſur ſes

» Peuples des impreſſions d'amour & de bien- » veillance », & qui regle ſa vie & ſon gouvernement par les loix qu'il exerce ſur un Peuple libre qui s'y ſoumet.

Ce ſont ces principes de droit naturel qui font ce commerce perpétuel de confiance entre le Prince & ſes Sujets, où l'on voit d'un côté les ſoins & la protection d'un pere, & de l'autre le reſpect & la reconnoiſſance des enfans. Quel plaiſir pour une ame bienfaiſante & généreuſe, de faire le bonheur & la conſolation de tout un Peuple, & de voir que tout un Peuple le comble de louanges & de bénédictions!

Nous expoſons enſuite les droits & les devoirs réciproques des Souverains & des Sujets qui doivent tous ſe rapporter à l'amour du bien général de l'Etat, dont l'accord & l'harmonie ſeuls peuvent faire le bien de chacun en particulier & le bonheur de tous, & conſommer ainſi dans l'unité d'une même félicité & les Souverains & les Sujets.

Les Etats ou Royaumes ayant des rapports néceſſaires les uns avec les autres, comme Corps politiques & indépendans, & faiſant partie de cette ſociété générale de toute la Terre, nous donnons un précis de leurs droits & devoirs reſpectifs, qui ne ſont autres que ceux du droit naturel que doivent exercer les hommes les uns envers les autres; d'où dérivent les droits & devoirs des Ambaſſadeurs envoyés réciproquement par les Puiſſances, pour maintenir la bonne intelligence, & qui doivent agir en amis & être traités de même.

C'eſt-là le précis de ce que la Loi naturelle, la droite raiſon, la Philoſophie & la Religion dictent à la liberté des hommes pour les conduire au bonheur, à la felicité où ſans ceſſe ils aſpirent; & ce ſont là les principes à jamais invariables ſur qui doivent repoſer la conſtitution de tous les Etats, pour la paix, la tranquillité de l'Univers & le bonheur de l'humanité.

Car *la vérité*, *l'ordre* & *la juſtice*, on ne ſauroit trop le répéter, voilà la baſe du bonheur des ſociétés; & l'obſervation ou l'infraction de leurs préceptes, font la proportion du bonheur ou du malheur des hommes & des Etats.

Enfin tout Etat où l'ordre & la bonne foi régneroient, ſeroit abſolument le plus heureux, & même dans les momens d'infortune, le plus rempli de reſſources, puiſque la confiance portée à ce point où tous les Sujets pourroient être aſſurés de l'exactitude des opérations du gouvernement, & en particulier de celle des finances, rien ne pourroit balancer la force d'un tel Etat, même dans la plus grande, la plus affreuſe détreſſe, puiſque ſur cette ſeule baſe précieuſe, la confiance publique, la Nation & le Souverain pourroient en multiplier les richeſſes, par une monnoie arbitraire, qui deviendroit le reſſort actif & vivifiant de toutes les parties de l'Empire, avec la ſage précaution, après avoir mis en balance les recettes & dépenſes annuelles de l'Etat, de ne créer de cette monnoie, ſi l'on veut de papier, que ce qu'il en faudroit proportionnément à la dette publique, & à ce que l'on ſe propoſeroit d'en abſorber chaque année, car il faudroit peut-être ne créer de ce papier qu'en proportion du numéraire exiſtant, ou du moins en proportion des beſoins de l'Etat, pour éviter une trop grande ſurabondance de richeſſe repréſentative, qui feroient monter les denrées & toutes choſes à un trop haut prix.

Mais toujours il faudroit reconnoître comme loi ſacrée de l'Etat, d'anéantir chaque année une portion de ce papier-monnoie, pour, après une période de temps, la Nation ſe trouver entièrement libérée de ſa dette ; opération de finance pour laquelle il ne faut que de l'ordre, de la bonne foi, ſeuls capables d'établir le crédit, & de donner & maintenir la confiance des Peuples & faire fleurir l'Empire. On le répete, cette opération, eſt une opération de bonne foi, d'ordre conſtant, ſans leſquels elle deviendroit pernicieuſe, c'eſt une opération où toute la Nation intéreſſée doit garantir le ſuccès, pour ſon intérêt, pour ſon honneur & celui de ſon Roi, qui ne peut être véritablement heureux que par la proſpérité de ſon Royaume & le bonheur & l'amour de ſes ſujets.

FIN.

A PARIS, chez N. H. NYON, Imprimeur du Parlement, *rue Mignon*.

www.ingramcontent.com/pod-product-compliance
Ingram Content Group UK Ltd.
Pitfield, Milton Keynes, MK11 3LW, UK
UKHW020409190726
13838UKWH00006B/2324